AF312670

LES DEUX SYSTÈMES.

—

RÉDUCTION DE LA DETTE

OU

RÉDUCTION DES TAXES.

(SUITE.)

Le dangereux projet de la conversion ou du remboursement des rentes est remis à la session prochaine. Le ministre des finances a agi fort sagement en renonçant à une mesure, dont le moindre tort, est d'être impopulaire. (*Débats*, 30 avril 1833.)

PARIS,

A. PIHAN DE LA FOREST, IMPRIMEUR,

RUE DES NOYERS, Nº 37.

—

1833.

Par la seule force des choses, une dette se réduit toujours d'elle-même, sans amortissement, pourvu qu'on ne
l'augmente pas. L'accroissement de la richesse, l'accumula-
tion constante et progressive des capitaux et des valeurs
réelles de tout genre élevant sans cesse le prix nominal de
toutes choses, et le chiffre des revenus publics et privés, la
dette de l'état, représentée par un chiffre constant, décroît
relativement dans la même proportion.

Il faut donc reconnaître que le temps fait à lui seul office
d'amortissement, et que l'on renonce gratuitement au bénéfice de son action, en poursuivant avec trop de vitesse, le
remboursement des dettes publiques.

Il y a plus : c'est que l'exagération de l'impôt que l'on
est obligé de maintenir pour précipiter ce résultat, est la
chose du monde la plus propre à paralyser l'essor vraiment
libérateur de la production et de la richesse générale.
(*Journal du Commerce :* 1ᵉʳ décembre 1830.)

On invoque l'état souffrant du crédit : quel argument plus
fort en faveur de notre doctrine ? On ne voit pas en effet
que la proposition de la loi d'amortissement, le rapport de
la commission, et la certitude que ses conclusions seront
adoptées par la chambre, aient apporté aucune amélioration
au cours des effets publics.

Il serait facile de prouver par de nombreux exemples,
tirés de l'histoire du crédit en Angleterre et en France,
que sa prospérité tient exclusivement à des causes mo-
rales, et que l'amortissement n'y fait rien. Répandez la
satisfaction et l'aisance dans le pays, favorisez la production en la soulageant des impôts qui l'écrasent : et le crédit
n'aura pas besoin d'être soutenu par des moyens factices.
On ne saurait trop redire que la production seule peut donner à un Etat les moyens de payer ses dettes, que les impôts empêchent de produire, et que l'amortissement ne
produit rien. (*Journal du Commerce :* 8 janvier 1831.)

On a pu lire les discours du ministre des finances, en 1824 : on devra lire le rapport sur le
budget des dépenses de 1832 (voir à la fin : p. 44).

Il n'est plus sensible, plus facile voie pour juger un système, que de peser les argumens four-
nis, à l'appui par des hommes de talent.

Ici et là, ce n'était pas l'homme qui perdait la
chose : c'était la chose qui trahissait l'homme.

Quant au rapport, il faut noter qu'avant ou
depuis, nul autre ne s'est hasardé à présenter une
exposition étendue et détaillée du système.

Cependant, en moins de dix-huit mois, le
temps à volé, soufflant sur les vaines et fu-
tiles idées, emportant ou du moins ébranlant les
esprits.

(*Journal du Commerce* : 27 janvier 1832.)« L'o-
pinion va se prononcer assez énergiquement pour
imposer silence aux doléances effrontées de l'a-
giotage..... D'après l'épreuve même du scrutin,
il faudrait avoir abjuré le sens commun, pour
croire à la durée du système d'amortissement ».

(*Journal du Commerce* : 10 mai 1833.) « Les
deux projets se ressemblent en ceci, qu'ils détruisent l'institution, tout en ayant l'air d'en
consacrer l'inviolabilité..... l'un et l'autre portent
la preuve que l'ancienne théorie de l'amortisse-

ment est morte sans retour, mais que le système de crédit qui doit lui succéder n'est pas encore né. »

De là, cette feuille propose d'annuler la dotation, comme ayant atteint son objet, et de conserver les rentes rachetées, au titre de partie intégrante de la dette publique.

Ainsi, faisant un grand pas dans la droite route et peut-être ne s'arrêtant qu'afin de ménager la faibleses des têtes.

C'était déja trop ce semble : car, on n'écoute pas, on n'entend pas, ou du moins on ne répond pas.

Même les souteneurs de l'amortissement, dont les moyens échouent en une telle cause, se refusent à l'emploi du raisonnement, se refugient sous les remparts de l'autorité.

Ce n'est plus la question, si le système est convenable : il n'y a plus de question, car le système est obligatoire.

Le devoir parle : l'intérêt n'a qu'à se taire.

Dès long-temps, on s'était armé des articles 104, loi de 1816, et 139, loi de 1817 : lesquels se bornent à attribuer à l'amortissement, l'un 14 millions, et l'autre 40 millions, à prendre d'abord sur les postes, puis sur d'autres produits.

Et dont le premier fait usage du mot *immuablement* jusqu'a concurrence de 14 millions; dont le second omet cette expression, au moins étrange en fait de loi humaine.

Maintenant on abandonne cette prétention d'autant plus ridicule, que les articles 42 et 43, d'après leur texte formel, aliènent tous les bois de l'état à la caisse, et en restituent une portion au clergé : ce qui n'a jamais été considéré comme immuable.

On se retourne, et c'est une invention toute fraîche, devers l'art. 115, loi de 1816 : « Il ne pourra, dans aucun cas, être porté atteinte à la dotation de la caisse. Cet établissement est placé sous la surveillance de l'autorité législative ».

Comme si cet article avait un autre sens que d'empêcher le détournement, envers d'autres emplois, de la dotation telle quelle.

Ecoutez-donc.

« Sur la foi de la loi, les prêteurs ont contracté.... ils seraient fondés à se plaindre si nous gardiens de la foi publique, donnions l'exemple de la violer..... il y a là une question de loyauté nationale, de probité pour l'Etat.

« Un vote provisoire semblerait autoriser la violation des contrats...... la loi de 1816 est regardée comme le palladium du crédit public....... Toutes les fois que la foi publique est en jeu, il n'y a pas même lieu à discussion (9 mai).

Or, en tout cela, il n'y a que niaiserie ou fourberie.

La loi absolue n'oblige l'Etat qu'envers l'Etat seul : c'est à l'avenir de l'être que commandait l'être du présent.

Il n'existe d'engagement vis-à-vis d'un tiers, qu'en sa présence : il n'existe de contrat entre deux parties, que sous la condition synallagmatique.

Et l'engagement, le contrat, ne se rencontrent point dans l'acte d'emprunt, c'est-à-dire dans la loi relative.

Voyez plutôt l'Angleterre, qui, de 1716 à 1755, et de 1816 à 1850, altéra souvent et abolit enfin, non pas la loi, car ce terme est impropre, mais bien le système d'amortissement.

L'Etat ne doit rien aux créanciers, sauf de leur servir les arrérages, ainsi qu'il est stipulé dans l'acte (1).

Sauf encore de leur épargner le remboursement, attendu qu'il n'est, ni convenu dans l'acte, ni reconnu par l'usage.

C'est une vieille habitude.

Alors que le fait ne fournit aucuns moyens, et au contraire jette tant de preuves à l'encontre, il faut à l'esprit revêche et retors à la fois, remonter jusqu'au droit, au droit absolu, et rechercher quelques argumens qui partant de haut, au moins étonnent et frappent.

---

(1) On a été jusqu'à soutenir que les fonds de l'amortissement n'étaient pas moins sacrés que ceux de la dette publique. Non, l'Etat ne doit aux créanciers que le service exact des arrérages.) *Rapport du duc de Levis sur la conversion : 1825.*)

Vraiment le fait est écrasant sous certains rapports :

Premier point. L'invention de l'amortissement en aggravant les charges du peuple , n'allège point le fardeau des dettes.

« De 1816 à 1825, l'Etat à emprunté 1400 millions, a reconnu 2 milliards : et pendant ce tems, 600 millions ont été employés aux rachats :

« Ainsi l'amortissement en portant les rentes au pair n'a travaillé qu'à réaliser le capital fictif , et a laissé le pays avec une dette égale au montant des emprunts. (*Journal du Commerce* : 1831).

De même, depuis 1830 jusqu'en 1835 , en supposant un budget normal pour 1834, les emprunts seront de 420 millions et l'amortissement sera de 400 millions.

Si bien que, sauf l'appoint, on aura amorti, autant qu'emprunté, achetant d'une main et vendant de l'autre ;

Et qu'on n'aura emprunté qu'en apparence, que dans la réalité on aura imposé seulement.

Et qu'en appliquant directement les subsides aux services, l'Etat aurait bénéficié de la différence entre le taux des emprunts et celui des rachats.

Second point. L'intervention de l'amortissement n'agit point, ainsi qu'on le pense, sur la hausse des fonds publics.

La preuve en fut donnée jadis.

(*Des trois pour cent* : 1825). Depuis 1816, en raison combinée de l'augmentation des rentes et de l'élévation du cours, la valeur vénale des fonds publics s'est accrue de 1500 millions environ.

« Dans ces neuf années, les achats de l'amortissement, ne montant qu'à 570 millions, il s'ensuit que l'excédant de cette somme, est provenu des épargnes de la richesse nationale.

« Et si les rachats n'avaient pas travaillé à forcer le cours, une plus grande portion de ces épargnes, attirée par le bas prix, s'y serait colloquée.

« Et si les impôts, affectés au fonds d'amortissement, n'avaient pas altéré les moyens et atténué les fruits du travail, la richesse nationale aurait opéré des épargnes dans une plus forte proportion. »

De 1825 à 1830, de nouvelles preuves en sont données par la stagnation du cours, devers le denier vingt; dont l'effet est de déterminer le retirement d'une masse considérable de fonds.

Tellement qu'en dernière analyse, le fonds d'amortissement n'a servi qu'à remplacer dans la rente, par le prix de ses achats, les capitaux qu'il en avait fait sortir par la hausse du cours.

Troisième point. La réduction de la dette dépend d'une baisse générale de l'intérêt et non pas du maintien de l'amortissement. (*National* : 27 avril).

En Angleterre, les réductions ont toujours eu lieu, pendant la décadence de l'amortissement.

Ce fonds est établi en 1716, est violé trois fois, est aboli en 1733.

Et trois réductions sont opérées de 6, à 5, à 4, à 3, en 1716, 1727, 1757.

Ce fonds est rétabli en 1786, est augmenté pendant la guerre, est diminué en 1820, de 15 à à 5 millions, est réduit peu à peu jusqu'à zéro.

Et deux réductions s'effectuent de 5, à 4, à 5 1/2, en 1822, 1828.

D'où il apparaît que l'action de l'amortissement est imperceptible, auprès de l'influence de la prospérité.

Même quant aux premières, la dette aux trois-quarts, appartenait à des compagnies qui ont subi la loi, après l'avoir imposée.

Quant aux dernières, les emprunts depuis 20 ans, avaient été contractés à des cours avilis, en un signe déprécié.

De sorte qu'en l'un et l'autre cas, ce ne fut qu'un règlement équitable entre les parties, tel que l'ordonnait le cours des choses.

Ajoutons que le restaurateur de l'amortissement, M. Pitt, n'a jamais eu l'idée d'opérer aucune réduction de la dette, dans la crainte de diminuer trop rapidement le taux venal de l'intérêt. (*Colquhoun* p. 267.

Quatrième point. La réduction de la dette s'opère insensiblement par la dépréciation du signe.

« Suivant le rapport sur le budget des dépenses de 1832, le calcul du marc d'argent, comparé au prix du blé, porte la somme de 840 millions payés en impôt en 1789, à celle de 1270 millions en 1831. »

Mais le marc travaille en fait des dettes, comme en fait des taxes.

Par exemple, si la dette coûtait 1270 millions en 1789, elle ne coûte plus que 840 millions en 1831.

Elle s'est amortie réellement, effectivement, d'un tiers à prendre en dedans.

Et comme la force des choses est immuable, autant que la volonté des hommes est instable, il arrivera de 1831 à 1873, tout comme il est arrivé de 1789 à 1831.

Ou plutôt l'effet s'opèrera dans une progression plus forte, en ce que le mouvement est infiniment accéléré.

En 1833, la dette est de 170 millions de rentes : c'est-à-dire de 2 milliards 800 millions en capital, en déduisant les 30 millions immobilisés et réduisant les 5 pour 100 au denier vingt.

Or, laissons aller le temps, laissons passer 40 années, laissons venir 1873.

Alors la dette ne vaudra plus qu'environ 110 millions en intérêts, et 1900 millions en capital.

Puis, viennent 20 ou 30 ans de plus : et en raison du cours progressif de la dépréciation, elle ne vaudra que 75 millions, que 1200 millions.

N'est-ce pas assez ? N'y a-t-il pas de quoi porter repos aux esprits inquiets, et porter remède aux esprits malades.

Faut-il donc usurper l'initiative sur le temps ? Faut-il le faire rétrograder en le poussant hors de propos, outre mesure.

Ne vous-y trompez pas.

En dîmant sur les semences au simple, vous dîmez sur les récoltes au quadruple, au décuple, etc., etc.

Et vous entravez les progrès de la richesse publique ; vous altérez le rapport des valeurs réelles et du signe monétaire ; vous arrêtez le cours de la dépréciation de l'un vis-à-vis des autres.

On est hors du vrai, et par conséquent hors du juste, de l'utile.

Trois périodes distinctes, trois phases successives se montrent dans le cours de l'amortissement, en ce grand pays, où le crédit public et le sens commun n'ont pas fait divorce.

Pendant la guerre, comme on empruntait plus qu'on ne rachetait, le fonds d'amortissement était vraiment prélevé sur le capital des emprunts.

Depuis la paix, les principes venant à se fonder, il fut reconnu que ce fonds devait provenir de l'excédant des recettes de l'Etat.

Avec le temps, l'idée naquit, que cet excédant des recettes provenait d'une surcharge de taxes, et que le prix était douteux, que les frais étaient ruineux.

D'où cette règle dût s'établir, d'abord d'appliquer le fonds aux dépenses, puis d'alléger l'impôt aux dépens du fonds.

Mais certaines notions, et non pas les moins précieuses, se propagent lentement.

Ainsi l'Espagne, entrée après la France dans les voies du crédit, n'a pas dépassé la première borne, prédestinée sans doute à sauter par-dessus la seconde.

La France, au contraire, ne s'est point arrêtée à la première, et se maintient à la hauteur de la seconde, prétendant ne bouger désormais.

C'est-à-dire que le pouvoir alléché par la triste et vaine chance de la réduction des rentes, s'obstine à imposer, dans la vue de racheter ou d'amortir, comme il se dit communément.

Cependant la maxime est admise que le fonds d'amortissement ne doit pas être prélevé sur le capital des emprunts : d'après ce motif suffisamment lucide, qu'à prendre d'un bord et rendre de l'autre, l'effet est nul.

Or ne se peut-il pas que ce fonds étant prélevé sur l'excédent des recettes, c'est-à-dire sur la recharge des taxes, il soit perdu d'un bord plus qu'il n'est gagné de l'autre ; et qu'ainsi le résultat devienne nuisible.

Comme par exemple, si ces taxes aggravées sont extraites de sources qui jetaient 8 à 10 pour 100 de profits annuels, alors que l'emploi ne porte que 4 ou 5 pour 100 d'intérêt.

Comme aussi et surtout, si elles sont soustraites à la masse des semences appelées à produire les moissons, ou à la somme des subsistances appliquées à entretenir les forces.

L'amortissement étant inventé dans la vue

d'enrichir tôt ou tard l'Etat, les moyens vont contre les fins, alors qu'ils opèrent dans le sens d'appauvrir de plus en plus l'Etat.

Car il est bon de l'entendre enfin. C'est un seul être, c'est le même être, que l'Etat qui paie la dette, et l'Etat qui paie les taxes.

On doit, dit-on, acquitter ses dettes : oui, quand l'argent est épargné sur des dépenses superflues : non, quand l'argent est dérobé aux emplois les plus lucratifs.

Quel est l'homme qui sacrifierait un capital rapportant 10 pour 100, pour se libérer d'une rente constituée à 5 pour 100 ?

(*Journal du Commerce*, 1831.) « On nous dit que l'amortissement crée un immense réservoir de capitaux au centre de l'Etat, qu'il fait des infiniment grands avec des infiniment petits; etc., etc., etc., etc. C'est faire bien du bruit pour une tirelire, car l'amortissement n'est pas autre chose. Ce sera si l'on veut la caisse d'épargne des contribuables : mais si on approuve l'artisan qui dépose à la caisse d'épargne le fruit de ses économies, on trouverait à bon droit ridicule que la manie de thésauriser s'emparât de lui, au point de l'engager à se priver de pain pour y faire face.

Le fonds d'amortissement implique une somme équivalente de taxes. Accorder au crédit cent millions, c'est à cause des frais, exiger de l'impôt, 120 millions.

Le bénéfice, le sacrifice, se balancent-ils? l'intensité du premier est connue; il faut connaître l'intensité du second.

C'est en façon d'impôt qu'il doit être consommé : et s'il n'était pas consommé, certaines taxes les plus odieuses, les plus onéreuses seraient supprimées faute d'emploi.

En décrétant en faveur de l'entretien du crédit, on décrète à l'égard du maintien de ces taxes.

Qu'on prenne donc garde, si elles ne sont pas telles, que d'entamer sur le fonds commun de la vie et de la force ; de dîmer sur la consommation des classes malaisées ou indigentes, de charger à un taux fixe, les fortunes les plus disparates, de peser davantage en raison progressive du dénuement.

Si l'amortissement est réputé au nombre des nécessités absolues, qu'on se retourne dans le sens diamétralement contraire.

Qu'on ne se gêne en rien, à l'égard des impôts qui sont doués de ne pas attenter à la vie, de ne pas altérer les forces et atténuer les produits :

De ceux surtout qui sont perçus sur le revenu disponible et payés par les personnes intéressées au système du crédit.

La marge est grande. Et nul ne s'y oppose : car dans l'économie politique, tout est relatif, et raison n'est que comparaison.

De là, il y aurait à opérer un double travail,

à dresser un tableau en deux colonnes parallèles :
l'une contenant dans l'ordre de leur importance
morale et politique, les charges de l'Etat ;

L'autre retraçant, en rapport de leur convenance absolue et relative, les taxes du peuple.

Au moyen de quoi, l'assignation des recettes
aux dépenses aurait lieu en juste raison de l'importance, de la convenance.

Et le service de l'amortissement cesserait d'être
rallié au service sacré de la dette, tomberait au
dernier rang des services;

Car nul être n'est tenté de lui donner le pas :

Sur les rentes et pensions . . . 261,000,000
Sur les services généraux . . . 444,000,000
Sur les frais de perception . . . 118,000,000
Sur les remboursemens et dotations 48,000,000

Total des charges positives 871,000,000

Et par suite, ledit service serait reporté ou rejeté en face des taxes les plus iniques, les plus
funestes : mettant à même de juger entre son
maintien et leur maintien.

Dieu garde de poser ainsi la question.

Au moins, l'esprit ne manque pas.

On ne présente pas ce dilemne foudroyant :

« Messieurs, vous avez à retrancher 90 millions de dépenses, ou à ajouter 90 millions de
recettes. »

On avance plutôt ce syllogisme décevant.

« Messieurs, vous avez arrêté les dépenses à

900 millions : vous avez à élever les recettes à 900 millions. »

Et voilà par quels artifices, par quels stratagèmes, les députés de province sont amenés à voter à contre-cœur de leurs sentimens, à contre-sens de leurs intérêts.

(*Journal du Commerce* : 1831.) « Pour établir la balance entre les effets de l'amortissement et ceux de l'impôt affecté à sa dotation, ce n'est pas une taxe quelconque ou l'ensemble des taxes qu'il faut mettre en comparaison : il faut choisir le plus mauvais de tous les impôts, celui qui soulève le plus de plaintes, qui coûte le plus à acquitter, qui gêne le plus la production ; car c'est précisément celui qui s'offrirait en première ligne à la suppression. »

Tout est changé dans l'organisation de la société : seulement la prédisposition des esprits n'est pas altérée sur un certain point.

On voit s'obstiner et se raidir la monomanie du crédit.

Rien de mieux si ceux qui s'attendent aux profits, subviennent aux dépenses.

Rien de pis, si les avances sont exigées de ceux auxquels nuls retours ne sont promis.

Qu'on impose la capitale, la classe aisée ?

Elles ont le moyen de payer sur la part du revenu, excédant le fonds des nécessités.

Elles ont l'espoir d'éviter, en cas de guerre, les taxations de l'ordre progressif.

Mais qu'on respecte cette population de vingt-cinq millions d'ames, qui n'aspire qu'à vivre de son travail, qui ne craint que de manquer de travail ?

Ses charges s'acquittent, non pas avec des épargnes d'aisance, et plutôt avec des fractions de vie.

A chaque atteinte de l'impôt, c'est un lambeau de vêtement dont elle est dépouillée ; c'est un morceau de pain qui lui est ravi.

Prônez la magie irrésistible, vantez les effets miraculeux du crédit.

Qu'importe cela ? Le plus superbe prix ne légitime point les moyens les plus sinistres.

Le crédit monte au niveau de l'Angleterre ; les emprunts se rencontrent à souhait : la dette est éteinte en trente années. Quoi de plus beau ?

Seulement quels frais en coûte-t-il ? Qui est-ce qui paie les frais ?

Le coût est de 100 à 120 millions par an ; le paiement se fait par 25 millions des êtres les plus malheureux.

Les autres dépenses étant couvertes par les autres recettes, le fonds d'amortissement est fourni par l'aggravation de certaines taxes.

De façon qu'en l'absence de ce fonds, il faudrait, bon gré, malgré, les alléger en juste mesure, faute d'emploi pour consommer le surplus.

On le veut bien. L'amortissement est commandé tour à tour ou en même temps, à l'effet de tenir la foi promise, d'alléger les charges de l'avenir, d'ouvrir la voie aux emprunts, de relever le crédit, le commerce, la banque, la fabrique.

Qu'on n'en parle plus. L'amortissement est hors de cause : le paiement seul reste en cause.

Or le paiement sera-t-il fait par ceux qui n'ont que leur suffisance, ou par ceux qui sont dans l'aisance ?

Par ceux qui n'y mettent aucun prix et n'en tirent aucun profit, ou par ceux dont l'idée quelque peu vaine, se laisse exalter par un tel attrait ?

Par ceux qui ne croient point à la foi promise, et ne sont point tentés de s'offrir en sacrifice à leur postérité ;

Qui n'ont point de rentes à remuer et de différences à palper, ni de banque, de commerce et de fabrique à faire valoir ;

Qui, en cas de guerre, ne craignent point les extorsions, les réquisitions, les dévastations, les spoliations ;

Qui même, en cas de conquête, courent peu de risques d'être surtaxés par les ennemis plus que par les amis ;

Qui par-dessus tout, entendaient faire l'emploi le plus légitime des fonds saisis par le fisc, en faveur de l'entretien de la vie, et quant au surplus, en vue de la création de nouveaux produits.

« Qu'une ou deux années seulement eussent été allouées, c'était assez, c'était tout. Les fins du projet de loi se trouvaient réalisées : la rente s'élevait à 120, à 150 ; l'intérêt baissait à 4 p. cent.

« Et tel est le caractère des œuvres du temps, qu'elles s'opèrent sans injustices, sans infortunes ; qu'elles se consolident à demeure, étant en alliance parfaite, avec le mouvement progressif des choses.

« Or qui ne veut pas cela ! qui veut tout faire, et ne laisser rien à faire ! qui veut tout pour le présent, où rien ne se fait qu'à grande peine, à grand risque ! qui ne veut rien pour l'avenir, où tout se ferait sans soins et sans périls !

« Qui ? un homme, un seul homme !
(*Du bon droit et du bon sens* : avril 1824).

C'est si clair que le cinq s'élevait à 125, aussi bien que le trois à 75, et qu'il s'y tenait mieux.

C'est si clair que l'intérêt était de même à 4 p. o/o, soit que ce fût à cinq francs pour 125 fr., ou à trois francs pour 75 francs.

On ne voit pas comment un privilège allait s'attacher aux trois cinquièmes, dont seraient privés les cinq cinquièmes.

Si le trois devait être poussé par un énorme

amortissement indûment attribué à son seul service, aussi dans le cinq, un énorme déclassement devait s'opérer, exagérant la masse des
rentes flottantes.

Et l'amortissement au moins dans les premières
années, n'enlevait pas le quart des rentes, que
jetait sur la place le déclassement.

Et celui-là, n'agissait que dans la proportion
numérique des chiffres ; au lieu que celui-ci
réagissait en raison progressive par l'effet de la
crise commerciale (1).

L'invention était vraiment plaisante.

Avec un titre, un signe empreint en tête du
certificat d'inscription, on s'imaginait allécher,
enjôler le crédit, si fin qu'il est.

Sans considérer qu'en même temps, que du
même coup, on occasionait le retirement, la di-
minution des fonds qui lui portent la force,
la vie.

En France, l'expérience a dit le mal d'un pareil système : en Hollande, l'expérience aussi di-
sait le bien du système inverse.

-----

(1) Déja des étrangers, des Français, ont aliéné leurs
rentes, et leur exemple ne manquera pas d'imitateurs. Bientôt, un esprit aventureux se jettera dans les bâtisses, dans
les entreprises quelconques; dont l'effet est d'enlever le travail à la terre, et l'homme à la famille; dont le résultat doit
tourner en pertes , pour la richesse publique , comme pour
les fortunes privées. (*Paroles de justice et de raison :* mai
1824)

Là, où règnent le bon sens et la bonne foi, on amortit peu, on ne rembourse point, on ne réduit pas surtout.

Si bien, qu'avant la révolution de Bruxelles, le deux et demi qui sert d'intitulé au fonds le plus considérable, se tenait fixe devers 65, donnant pour le cinq, le cours de 130.

Même, il faut noter que la catastrophe financière de 1825, affreuse en France, fâcheuse en Angleterre, s'y fit à peine ressentir.

Tel était l'exemple à suivre : telle est la leçon à offrir.

C'est à savoir maintenant ce qui plaît le plus, ou d'écouter l'un et d'imiter l'autre, ou de les repousser, de les mépriser tous deux.

Non sans qu'il n'y ait à dire, que dans l'état nouveau des choses, ce qui était sous l'ordre ancien, pleine et parfaite certitude, n'est plus qu'espérance éventuelle, équivoque.

Comme aussi qu'à présent, ce qui n'était alors que chance funeste, est crise certaine, crise formidable.

Tout l'art à avoir, est de n'avoir pas d'art.

Tout le soin à prendre, est de ne pas prendre de soin.

Qu'on repousse enfin la manie de faire, défaire et refaire, apanage, ce semble, inféodé à notre triste espèce.

Et qu'on laisse se faire, qu'on laisse aller.

D'abord les têtes ont à se délivrer de ces deux

avortons d'idées, depuis peu écloses : le devoir de racheter, le droit de rembourser.

Avortons de même origine, que conçut en son loisir, en ses ennuis, la vanité ; et dont l'alliance fut tramée sous les auspices de la cupidité.

De ce devoir, de ce droit, l'un de l'autre isolés, le pouvoir ne ferait aucun cas.

Fort peu lui importe d'exhausser le cours de quelques francs, à l'aide des rachats ; et d'atténuer la dette de quelques millions au moyen du remboursement.

Ce ne sont que prétextes vains dans l'isolement, forts par l'alliance ; dont il est fait usage pour se donner un large maniement de fonds.

Essayons de les examiner à part.

Dans leur essence même, le devoir, le droit existent envers quelqu'un, pour quelqu'un.

Ici, où est le quelqu'un, le quelqu'un légitime ? Ce titre ne sied qu'aux rentiers, qu'aux contribuables.

S'il y a devoir de racheter, c'est en faveur des rentiers : s'il y a droit de rembourser, c'est au profit des contribuables.

Vainement l'état, ou plutôt le pouvoir qui de tout temps a pour coutume de se dire, ou même de dire : *l'état, c'est moi* ; prétend se faufiler entre ceux-ci et ceux-là, et les écartant de même, s'installer en leur lieu, sous leur nom.

Or, les rentiers en immense majorité, n'aliénant point le capital sont indifférens au rachat ;

et ne vivant que du revenu, sont répugnans au remboursement.

Or, les contribuables, en presque totalité, ayant la charge de fournir les fonds, n'appellent point le rachat; et ayant peu de foi dans les chances, n'attendent point le remboursement

Les deux parties se mettent hors de cause, et n'ont à se défendre que contre leurs prétendus défenseurs.

Ainsi, le devoir, le droit, l'un et l'autre supposés ou plutôt imposés, sont reniés par ceux-là même, envers qui, ou pour qui, ils sont proclamés.

Ainsi, leur mission sacrée dit-on, consiste à prendre aux uns effectivement, aux autres éventuellement; à prendre là sur l'aisance, en proportion fort inégale, ici sur l'existence dans un rapport très sensible.

Quel devoir donc! quel droit donc!

« Mais à côté de ces avantages, le crédit a, comme toutes les choses humaines, de bien graves inconvéniens : à côté de l'usage commandé par la nécessité, est l'abus d'autant plus redoutable que l'instrument a plus de puissance....

« L'argent qu'on trouve si facilement, on regarde moins à le dépenser : et que de profusions attestent que souvent l'État se trouverait mieux de faire plus difficilement ses affaires....

« L'histoire est là pour dire si le crédit n'a pas servi le plus souvent à favoriser des entreprises insensées ou perverses. Combien de guerres, dont le monde ressent encore les blessures, eussent été impossibles, sans la facilité des emprunts...

« Si nous ne considérons que ses effets inévitables, parce qu'ils tiennent à son mécanisme même, il s'élèvera bien aussi quelques doutes sur l'utilité d'un mouvement qui attire sans cesse les capitaux à un centre commun.

« Évidemment il ne les attire qu'à condition de leur offrir des avantages supérieurs à ceux que présentent d'autres placemens, et cela par des opérations qui se renouvellent et se perpétuent.

« Voilà donc une machine qui détourne constamment les capitaux de leur route naturelle : voilà des revenus, des bénéfices sans travail; voilà l'agiotage provoqué, entretenu, propagé. (*Rapport sur la loi de l'amortissement*, 1831.)

Bien parler; mal agir : antique coutume de France.

Eh ! oui, quant à l'Etat, le crédit public d'autant qu'il s'élève en degré, tend à jeter dans les guerres dévastatrices, dans les entreprises dévorantes.

Eh ! oui, quant au pays, le crédit public, en tant qu'il est élevé à grands frais, tend à détruire les capitaux prêts à créer des valeurs nouvelles.

De plus et au-delà, le crédit privé étant poussé outre mesure, exagère le travail productif, excite le travail improductif.

Et le crédit privé ne ressort point du crédit public. Il n'a ni besoin, ni moyen d'être aidé; il ne se refuse jamais aux sûretés, ne s'obtient jamais sans sûretés.

Le crédit est l'intermédiaire, l'entremetteur de la production et de la consommation : il avance à l'une, il est remboursé par l'autre.

Justement dans la même raison, que le recours lui est ouvert sur la consommation, son secours est offert à la production.

En peu de mots, voilà beaucoup de choses.

Parlons du crédit public.

Ne veut-on pas *qu'il détourne constamment les capitaux de leur route naturelle, qu'il attire sans cesse les capitaux à un centre commun.*

Alors, il faut maintenir le cours, fixe dans le temps, progressif avec le temps, en achetant au-dessous, en vendant au-dessus (1).

______

(1) L'action de l'amortissement ne s'exerce efficacement dans le sens de maintenir le cours, qu'autant que les commissaires gardent une réserve de fonds; et surveillant l'état prochain, ou présent de la Bourse, en font l'emploi, au moment d'une baisse accidentelle, afin de donner aux esprits, le temps de se calmer, et aux capitaux, le temps de se réunir.

Le gouvernement qui aurait l'heureuse idée, après avoir conféré ce droit, d'imposer en outre le devoir de vendre, telle ou telle partie de rentes, aussitôt qu'une fougue de hausse ferait monter les effets publics par-delà le cours moyen, se montrerait le premier, à entendre la vraie théo-

Système dont le linéament presque imperceptible, se rencontre dans tous les projets tendans
à tenir le fonds en réserve, tant que la rente est
au pair.

Ne veut-on pas *que le crédit serve à favoriser
des entreprises, insensées ou perverses, à déterminer des guerres, dont le monde ressent encore les
blessures.*

Il faut apposer des entraves à la *facilité des
emprunts*; il faut habituer l'état *à faire plus difficilement ses affaires.*

Point amortir, point emprunter : rien qu'imposer. C'est tout.

Méthode qui ne diffère que dans la forme, qui
s'accorde au fond, avec la marche suivie depuis
1830.

Car amortissant et empruntant, c'est-à-dire
achetant et vendant, à même époque, en même
somme, c'était à fin de compte, ni amortir ni emprunter.

Seulement il résulterait du mode ainsi sim-
plifié, qu'après avoir imposé à l'advenance des
besoins, on n'imposerait plus dans l'absence des
besoins.

Comme aussi que les besoins provenant de
telle ou telle cause, les moyens d'y satisfaire se-

----

rie du crédit, se trouverait le seul à en recueillir un bénéfice
réel. (*Des Trois pour Cent : 1825.*)

raient demandés à telle ou telle classe, d'où dé-
rive cette cause.

Par exemple, en cas de guerre quelconque,
soit dans les affaires d'honneur des états, soit
sous les risques de conquête du pays, on n'ap-
pellerait à contribuer que ceux qui prétendent à
se donner de la gloire, ou qui tremblent d'être
dépouillés de leur fortune (1).

Et cela étant réglé ainsi, il n'y aurait plus de
guerres : car c'est un spécifique certain, pour
en faire passer l'envie, que d'en faire payer les
frais.

Partant, il n'y aurait plus d'emprunts, pas même
d'impôts, extraordinaires c'est-à-dire.

————

Mais c'est trop simple pour les esprits subtils :
c'est trop analogue aux anciens erremens.

Ni la leçon du passé ne frappe : ni la lumière
n'éclaire sur l'avenir.

On ne voit pas que dans les guerres de terri-
toire, la gloire, si l'on est vainqueur ; la crainte et
la honte, si l'on est vaincu, aspirent aisément par
l'impôt, des fonds suffisans.

Et que dans les guerres de principe, chose im-

————

(1) Il y aurait de la dérision à demander au pauvre ou-
vrier, de payer pour le maintien d'un ordre qui ne le pro-
tège pas, ou d'un honneur qui lui est indifférent. (*Sismondi :*
vol. II, p. 164.)

possible du reste , il n'y a crédit à tenir devant l'adversité ; il n'y a crédit à rechercher pendant la fortune.

On n'entend pas que depuis 1816, il a été perdu, grace à l'amortissement, d'abord par l'État, un demi-milliard peut-être , en plus value des rachats sur les ventes; ensuite , par le pays, un milliard et plus, sur les profits du fonds soutiré par l'impôt. (*De l'Impôt: Du Crédit*, 1832.)

Pourtant , instinctivement, occultement, quelque travail s'opère, dont la raison ne se mêle pas, et qu'ignore la conscience même.

Ces paroles se réalisent au sujet de l'amortissement :

« Le débat y a mis la sape, a ouvert la brèche: Et dès-lors le vent de l'opinion, tantôt sifflant sans relâche , pénètre et mine ; tantôt soufflant avec violence , ébranle , renverse.

« En de tels temps , mettre en débat et mettre en décret ; mettre en doute et mettre à néant : même chose.

« Le trône y a passé; l'autel y passe : et le ciel n'aidant pas , l'héritage y passera. Car débattre , c'est abattre. » (*Le Commencement de la fin*, mars 1832.)

Déja les projets de l'ancien ministre et du ministre actuel, détruisent à peu près l'institution, en ayant l'air d'en consacrer l'inviolabilité. (*Commerce* , 10 mai.)

Maintenant le rapport sur ces projets, non sans

s'offusquer en paroles , du détournement d'une part des fonds, en faveur des services ; commande un détournement tout-à-fait analogue , à valoir aux emprunts.

Et après avoir proclamé en tête , que *la nécessité d'un amortissement, est surtout sous le rapport du remboursement ;* puis, dans un autre passage , que *le but principal d'un amortissement est de rembourser,* s'exprime ainsi vers la fin :

« Il ne nous est pas possible de prévoir à l'avance , l'époque à laquelle ces remboursemens partiels devront avoir lieu. »

C'est clair : la foi qui vivifie est éteinte , est morte.

Le débat reste , entre la routine et la vanité ; l'une qui ne sait, l'autre qui ne veut ; et l'instinct né de l'expérience , doué de la prescience , qui sent plutôt qu'il ne voit.

Allons au fait : portant en masse, le fonds primitif et l'intérêt des rentes, choses identiques, quoi qu'on dise.

Sur le total de 96 millions, 20 millions environ, restent affectés, au rachat des trois; tâche de longue haleine, de forte dépense.

Et nul autre fonds à faible intérêt, ne doit être créé suivant le rapport; et à moins d'une nouvelle révolution, le cinq ne peut tomber au-dessous du pair.

Si bien qu'à tout jamais, il est constitué une réserve de 76 millions, s'accroissant à intérêt composé, du dividende de 5 pour cent, assigné aux bons du trésor.

Mais c'est rétrograder au moyen âge ; c'est revenir aux vieux us de l'Orient ; en un mot, c'est thésauriser.

Voilà donc que l'état abstraitement parlant, ou plutôt le fisc réellement parlant, se faufile au lieu et place des particuliers, et s'ingère à agir en leur nom, à leur compte, et se mêle de faire valoir une part de leur bien.

Opération ou spéculation d'étrange sorte.

Cette réserve qui s'entasse à fond de caisse du fisc, qui est placé à 5 pour cent d'intérêt, provient de *l'impôt qui prend les capitaux où ils ne sont pas, qui les prend où ils coûtent* 10 *et* 12 *pour cent* (M. Laffitte, 1830).

Cette réserve, ne porte d'intérêt, qu'en valeur nominale ; au-lieu que le fonds pris par l'impôt jetait un profit en valeur réelle.

C'est par une telle réserve, qu'est constitué l'amortissement, au moins jusqu'à l'époque incertaine du remboursement.

C'est pour une telle réserve, *que les principes obligent le pays qui veut amortir sa dette, à créer un excédant de recettes.*

Cependant l'art. 2 du projet ouvre la droite voie, où il faut seulement marcher, d'un pas plus ferme, plus vif.

« Tout emprunt sera doté d'un fonds d'amortissement, au moins de 1 pour cent du capital nominal, »

Et il a été dit dans le rapport, que *c'est diamétralement aller contre le but de rembourser, que d'emprunter à bas intérêt, avec accroissement de capital.*

Or donc, qu'on emprunte à tel intérêt que ce puisse être, mais au capital réel, comme il se peut toujours : c'est-à-dire, qu'on constitue à cette heure, cinq francs de rentes, pour cent francs de capital à peu près.

Autant le trois, avec son allonge fantastique, est sautillant, autant le cinq en sa forme classique sera stagnant.

Mais on veut rembourser, on veut amortir : et sans doute, on veut bien ne pas imposer.

« Tout mode qui atteindrait le but de maîtriser la dette, serait également bon : si l'amortissement a été seul employé, ce n'est pas que l'on ait pour lui, une prédilection particulière. (*Rapport*).

Eh bien, au-lieu de doter tout emprunt de 1 p. cent au moins, qu'on le dote de 2, de 3, de 4, et mieux encore de cinq pour cent.

A ce dernier taux, le fonds total de l'intérêt et de l'amortissement, montera à 100 millions pour un milliard ; au-lieu qu'il monte à présent à 60 millions.

La différence est de 40 millions sur un milliard, de cent millions sur deux milliards et demi.

Justement, le fonds actuel s'élève à près de cent millions : justement, il suffit à fournir l'excédant de 4 pour cent sur deux milliards et demi.

A ce moyen, tout emprunt sera racheté ou plutôt remboursé, par stipulation expresse, en 14 ans et demi : soit par séries tirées au sort, comme dans les obligations d'Espagne ; soit par annuités égales, intérêt et capital y compris.

Et l'attrait de la nouveauté, la chance du tirage, la certitude de rentrée, obtiendront l'emprunt à un taux plus faible, le maintiendront à un cours plus fixe.

Suivons les effets de ce mode.

S'il n'y a pas à emprunter, le fonds de cent millions est remis aux contribuables.

S'il y a à emprunter un milliard, deux milliards, il leur reste soixante et vingt millions.

Tant qu'il ne faudra que deux milliards et demi, le fonds seul leur sera repris.

Mais les cent millions d'abord remis, jettent dix millions de profits annuels ; lesquels s'accumulent suivant une vive progression et reconstituent un capital dans sept ou huit années.

De telle façon qu'à ce terme, la richesse nationale est renforcée de 200 millions, qui s'offrent à fournir en même proportion, la dotation de cinq milliards d'emprunts.

Voilà pour la dette éventuelle, dont se tourmentent à l'excès les imaginations :

Et voici pour la dette actuelle, qui réellement, après déduction des rentes amorties et immobilisées, ne dépasse pas cent trente ou quarante millions.

C'est-à-dire , qu'elle ne s'élève qu'au septième du revenu public ; bien qu'il soit passé en usage de la supposer au quart, au tiers.

Si elle inquiète encore, avec un léger sacrifice, on peut se donner la paix, s'assurer un éternel repos.

Deux voies se présentent : soit d'accorder une prime pour obtenir à l'amiable, l'extinction de la rente à 100, à 80, à 60 ans, et moins.

Soit de concéder un intérêt plus élevé, pour obtenir à telle ou telle époque, la réduction progressive de l'intérêt.

Le premier mode s'emploie depuis 1829, en Angleterre; où une demi-année de l'intérêt est donnée pour le terme de cent ans.

En France, il faudrait payer une année entière, pour le même terme ; et deux années peut-être pour le terme de 80, ou 60 ans.

Dans la dernière supposition , il en coûterait , en tenant le trois à l'écart, 200 millions, payables à raison d'un cinquième ou de 40 millions par an.

Comme tous les rentiers ne consentiraient pas à la transformation du titre, dès à présent, la somme disponible serait au-dessus de 60 millions : ou même elle serait de 100 millons, le Trésor devant en faire l'avance , dans l'incertitude de la somme nécessaire,

En élevant l'intérêt à 5 1/2 pour 10 ou 15 ans... sa réduction à 4 1/2 , pour cette époque, et à 4 , à 5 1/2, à 3, de 10 en 10 ans ou de 15 en 15 ans.

Moyennant quoi, le décroissement de l'intérêt et la dépréciation du signe travaillant de concert, la charge réelle de la dette, baisserait à moitié avant 50 ans, au tiers en 75 ans, au quart en 100 ans.

Sans qu'il en coûtât, à raison de demi pour cent d'intérêts, sur 100 millions de rentes, que 10 millions par année : laquelle dépense équivaut, chiffre pour chiffre, à la somme des profits annuels, résultant de l'emploi du fonds d'amortissement, alors rendu à la disposition des contribuables.

———

Quelques développemens du même système ont déjà été présentés et sont retracés ci-après.

Ce n'était et ce n'est encore qu'une ébauche informe, incorrecte peut-être.

Les erreurs de l'homme, n'altèrent point la vérité des choses.

Dans le vague des idées, dans le doute des esprits, la disposition devrait être plus favorable en mai 1833, qu'en janvier 1832.

Extraits , 1832.

Que veut -on? abolir le jeu, obtenir des fonds ;

C'est-à-dire, restituer à la production, les capitaux, les talens et le temps dérobés, absorbés par la spéculation.

Et assurer à l'Etat les moyens de maintenir l'ordre au dedans, de garantir la paix au dehors.

Que faut-il ? les vœux marquent les voies : traduisez ceux-là, vous êtes conduits sur celles-ci.

Même, il n'y a double vœu qu'en idée : dans la réalité, les deux vœux ont à s'accomplir par une simple et seule voie.

L'œuvre est une. Et c'est la consolidation des rentes présentes, la reconstitution des rentes futures.

En consolidant à demeure , on abolit le jeu, quant à son exercice sur la masse existante à présent.

En constituant à nouveau, on obtient des fonds avec moins de frais, moins de risques.

Il s'agit d'imposer un point d'arrêt, au cours progressif des choses ; d'opérer le départ, entre le fait actuel et le fait éventuel ; d'ériger le poteau de démarcation, aux confins du passé, aux frontières de l'avenir.

Dieu garde que ce soit compromettre le service des rentes, ou aventurer la chance des emprunts.

Bien au contraire. La masse compacte de la dette, alourdit les mouvemens du crédit : et les mouvemens déréglés du crédit, ébranlent la masse de la dette.

La dette mise, non pas à l'écart, mais à part, laisse un

large champ à l'exercice du crédit, lui lègue en toute propriété, l'immensité des temps.

Et le crédit mis en liberté s'égare, se fourvoie peut-être ; mais ne heurte point, ne choque plus le corps de la dette.

Qu'on fonde donc réellement, matériellement, les rentes dites perpétuelles : qu'on les implante, qu'on les enracine dans le sol du pays.

Qu'on travaille à les immobiliser, à la façon des immeubles fictifs, ainsi qu'il en était autrefois.

La méthode est simple, facile.

Il suffit de ne plus s'astreindre aux rachats, de ne plus contraindre au remboursement.

En se dégageant d'une manie insensée , en s'engageant contre une vaine tentative, le type de l'effet s'améliore.

L'effet cesse d'offrir matière, cesse d'être livré en proie, à l'agiotage , tantôt haut , tantôt bas de valeur.

Il rentre en nature d'immeubles, en biens de patrimoine, en fonds d'héritage, fixe enfin de valeur.

La rente devient un placement durable, une collocation solide.

Et les rentiers deviennent propriétaires, par conséquent citoyens de fait, de droit.

Et les gens de province recherchent au grand livre, un accroissement de revenus, un allégement de frais et de peines.

Etat de choses qui sera de mieux en mieux garanti, de plus en plus étendu.

Au moyen de ce que les coupons soient pris en paiement des contributions ; mesure qui épargne à la circulation, des dépenses, des retards, des pertes.

Au moyen de ce que la rente soit admise dans la proportion du dixième au quinzième, à concourir à la fixation du cens électoral ; mesure qui s'adapte mieux à un immeuble fictif, qu'au mobilier fugitif que représente la patente.

Veut-on détruire l'engeance de bourse, et créer une race de cité.

Veut-on assurer le maintien des lois et amener le retour aux mœurs.

Veut-on rendre des fonds au travail, des talens à l'industrie, des profits à la richesse.

Tout ce qui plaît et convient, s'acquiert ainsi, est perdu autrement.

Vous vouliez amortir la dette : vous aurez amorti la rente, en la transformant en biens de main-morte.

En fait de dettes, vous ne pouviez amortir qu'un cinquième, qu'un quart au plus, dans dix années.

En fait de rentes, vous aurez amorti la totalité en un ou deux ans.

Il faut entendre le mot d'amortir.

Deux sens sont cumulés sous ce seul mot. Il exprime à la fois, et que l'Etat s'est déchargé d'une part des intérêts; et que le capital affluant en moindre masse, porte à la bourse, un certain allégement.

Quant au premier point, la décharge de l'Etat ne s'obtient pas gratis, ne s'acquiert qu'au moyen d'une forte dépense du trésor, d'une forte surcharge des peuples.

Et la dépense, comme il a été ultra démontré ailleurs, excède immensément en valeur réelle, ce que rapporte la décharge en valeur nominale : soit au moment même, soit et de plus en plus dans l'avenir.

En telle sorte, que la décharge est nuisible au lieu d'être

avantageuse , d'après le coût de la dépense immédiate ; et n'a pour but raisonnable, pour résultat profitable, que d'amener indirectement l'allégement de la bourse.

Donc, si l'allégement peut être acquis en quelqu'autre façon, il n'y a plus de motif pour travailler à la décharge.

Donc, s'il doit être acquis sans aucun frais, il y a urgence d'épargner les frais consommés en cette vue.

Or l'allégement de la bourse, ou l'atténuation des capitaux affluans sur le marché , est obtenu au plus haut point, est garanti à jamais, par l'immobilisation des rentes.

Au lieu d'un amortissement factice, onéreux et passager, ce n'est autre chose qu'un amortissement gratuit, naturel, permanent.

Dans le sens de l'allégement de la bourse, les rentes en totalité, sont bientôt amorties, sont devenues biens de main-morte, à vrai dire.

Car les mutations par décès ne surviennent que tous les trente ans ; et les mutations par vente , n'adviennent comme pour les terres, que dans la proportion d'un trentième par an.

C'est le quinzième , dont encore un quart ou un tiers ne sont pas aliénés ; ou tout au plus dix millions de rentes, qui tombent sur le marché, dans le courant de l'année.

Au lieu que dans l'état actuel, la dette flottante montant à 3o millions au moins, passe annuellement cinq ou six transferts , jusqu'à concurrence de 15o millions.

Sans parler de la dette non communément flottante , que les crises de hausse et de baisse, précipitent sur la place, peut-être jusqu'à concurrence de 5o millions par an.

Ce qui fait en capital, trois milliards, plus un milliard.

Pour remuer cette masse, ce monde d'effets, qu'avez-vous ?

Pour point d'appui, qu'Archimède eût refusé sans doute, une révolution, au quart faite, aux trois quarts défaite; une révolution fille de trois jours de colère, mère de longues années de crises.

Et pour levier, puisqu'on parle tant du levier de l'amortissement, une puissance de 80 et 100 millions, en lutte avec une puissance de 4 milliards.

Dans le système actuel, l'amortissement rapporte au fisc 84 millions, et avant 4 ans, 100 millions, et avant 8 ans, 120 millions.

Lesquels millions coûtent aux peuples, un quart en sus, à cause des frais de régie et de contrainte, de saisie et d'amende, c'est-à-dire, 105 millions aujourd'hui, 125 millions demain, 150 après demain.

Mais cessez de violer les droits, de violer les besoins.

Et spontanément, soudainement, les 100, les 125, les 150 millions, employés à l'œuvre productive, jetteront par an, dix pour cent de valeurs nouvelles.

Et consécutivement, continuellement, suivant la loi des profits accumulés, ces valeurs vivantes s'accroîtront dans une progression double en 7 ans, quadruple en 15 ans, décuple en 25 ans.

Tandis que les valeurs mortes rachetées à la bourse et retirées du marché, suivant la loi de l'intérêt composé, n'augmenteront que dans le rapport du double en 14 ans, du quadruple en 28 ans.

Pour équivaloir à ce minime bénéfice, il suffit que des valeurs procréatrices, la moitié d'abord, puis le tiers, enfin le quart vînt à être colloqué en rentes.

Effet que le temps amène moins rapidement sans doute, et d'autant plus solidement.

Laissons cette épisode ; laissons les présages.

Vos 84 millions ainsi ravis, ainsi arrachés, ont à *pousser,* pour se servir de l'expression pittoresque du rapporteur, 170 millions de rentes.

Le poids est double en puissance : et même n'est que trop sujet à s'alourdir sous le coup des crises politiques ou économiques.

Vous avez beau pousser, avec l'élan de vos vœux, avec l'appui de vos arts, vous ne pousserez pas haut.

Jamais votre pousse n'a réussi qu'à fouetter le cours pour des instans : désormais votre pousse à peine parviendra à chatouiller le jeu de temps à autre.

Cessez donc de pousser : au moins en façon d'essai, en nature d'épreuve.

D'une part, rendez les 84 millons de recettes, à la liberté : épargnez-vous de troquer des valeurs vivantes contre des valeurs mortes, et de soigner un avorton condamné de naissance, au détriment d'un enfant brillant d'espérance.

D'autre part, laissez les 170 millions de rentes en paix; résignez-vous à consacrer leur existence sous un titre immuable, incommutable ; aidez-les, autorisez-les à changer de caractère, à passer au rang d'immeubles fictifs, de biens de main-morte, ou peu s'en faut.

Qu'en adviendra-t-il, en tous cas?

En premier lieu, n'ayant pas à emprunter, vous ne recueillerez que bénéfices, que bénédictions.

Les peuples sont soulagés enfin. Les travaux qui font vivre au jour le jour, les produits qui font vivre ensuite et ailleurs, s'élèvent en somme, s'améliorent en prix.

Au plus, il se peut que le cours de la bourse, reste plus bas, de 2 à 5 fr. sur le cinq; dont le taux actuel est

de 20 à 30 pour 100, au-dessus du terme moyen des emprunts.

Et de 6 à 10 fr. sur le trois , dont la charlatanerie de
bonne foi sans doute, avait exhaussé le titre primordial,
dans les écritures simulées du grand livre.

Qui donc jouit? qui donc pâtit? Jugez entre eux.

En second lieu, ayant à emprunter, vous marchez sur
des voies ouvertes à nouveau, et point encore frayées,
mais larges et faciles, mais sûres et solides.

L'emprunt est supposé de 200 millions en capital, de 10
millions en intérêt.

Et il est entendu que la masse des rentes de trois milliards 400 millions, à l'intérêt de 170 millions, est tenue à
l'écart quant aux rachats.

Eh bien ! en n'extrayant que la dîme, au lieu de sous-
traire le capital même , des tributs du peuple , vous fran-
chissez par de-là votre attente, vous atteignez à vos fins
jusque-là imaginaires.

Vous obtenez des écus, plus à bon marché.

Pour cela, à chaque emprunt nouveau, faites un fonds,
non pas d'amortissement, vaine promesse de mots, mais
un fonds de remboursement, mesure certaine en fait, lequel soit égal au montant de l'intérêt.

C'est-à-dire , fondez 20 millions pour un emprunt de
200 millions, 40 millions pour celui de 400 millions, 100
millions pour celui d'un milliard. Le tout au fur et à mesure de leur création.

Même, en travaillant à la sotte façon de l'amortissement,
ce sont 50 millions qui agissent sur un milliard, au lieu
qu'en l'état actuel, il n'y a que 25 millions en action sur
cette somme.

Il est simple à croire que le capital de l'emprunt devant être, à ce moyen, racheté en entier dans 14 années, le taux de l'emprunt s'obtiendrait à 4, 5 et 6 plus haut que dans le système en vigueur.

Mais vous travaillez tout autrement, vous garantissez une plus haute certitude d'extinction de l'emprunt.

Vous offrez des chances plus favorables à la spéculation, au jeu, s'il faut le dire : car toujours le jeu fouette le cours ; et ici, la ruse n'est pas frauduleuse.

Quant au mode, le choix est à faire.

Vous pouvez adopter le système des obligations de Sicile et d'Espagne, toutefois sous des termes plus rapprochés ; d'après lequel un tirage annuel indique la série à rembourser en capital.

Par suite de quoi, il y a une plus forte cause d'ascension et ainsi une amélioration dans le cours de l'emprunt : en ce que la chance chaque année renouvelée, de sortir de la roue de fortune, attrayante à titre de loterie, suscite les tentations.

Comme aussi, en ce que le capital est reçu en bloc, et non par fragmens, aussitôt dispos à constituer un placement nouveau.

Vous pouvez aussi employer une autre méthode qui a été parfois appliquée en Angleterre :

Il s'agit du système des annuités proprement dites, suivant lequel il est payé chaque année une fraction du capital de tous les coupons, dont l'intérêt décroît en proportion.

Ici peut-être, la confiance serait d'un degré plus élevé ; par la raison que le droit de toucher une quotité fixe du capital, se trouve ralliée et assimilée au droit de toucher le montant de l'intérêt.

Par la raison encore que le droit semble être inhérent au coupon même, semble se consolider de plus en plus, par les paiemens successifs : au lieu que dans le mode des obligations, bien que le droit soit consacré en principe, encore il faut la formalité du tirage pour donner ouverture à son exercice.

Ce n'est pas tout.

Quant au lieu d'un métier, ce sera un art que les finances ; quand le ministre sera autre que teneur de livres et fouetteur du cours, de nouvelles combinaisons seront conçues, essayées, admises.

Par exemple, on pourrait, en abandonnant et la subvention et l'amortissement, consentir un intérêt d'abord élevé, puis abaissé peu à peu, jusqu'au taux de 3 ou 2 pour cent : opérant ainsi la réduction de l'intérêt au lieu de la réduction du capital.

Mais n'importe le mode tel quel, quand il semblerait, quand il serait usuraire.

Encore l'usure est moins nuisible à subir, que la rapine n'est coupable à faire subir.

Et c'est rapine, que de ravir le morceau de pain mouillé de sueurs, chargé de larmes, à qui porte la vie et prête la force au pays.

Rapport sur le budget des dépenses : 30 déc. 1831.

Il y a un dernier objet, Messieurs, sur lequel il faut avouer qu'on pourrait tenter l'une de ces économies considérables, dont on parle souvent, c'est sur l'amortissement. Là, il est vrai, et bien vrai qu'on pourrait facilement obtenir 30 ou 40 millions.

L'amortissement est de toutes les charges celle qui paraît la plus pesante, et surtout le moins présentement utile. A la juger par ses aspects extérieurs, elle a peu de faveur. Il semble que la France s'épuise annuellement pour fournir 80 millions qui viennent s'enfouir dans ce gouffre de la Bourse, et y servir d'aliment à ce jeu coupable dont tant de familles deviennent tous les jours victimes. On se dit qu'il est inutile d'écraser les contribuables pour un pareil résultat.

Quant au rachat de la dette, on semble n'y pas croire. Le terme est si lointain, et d'ailleurs si peu de nations ont payé leurs dettes, qu'il semble que ce soit là une chimère à poursuivre. On ne veut pas excéder le pays pour l'atteindre. On se dit seulement qu'il faut payer l'intérêt, et que, dans le système de la dette perpétuelle, c'est le seul engagement qu'on ait pris.

Enfin, on rappelle l'urgent besoin d'un soulagement d'impôts ; on présente l'attrait d'un dégrèvement, et on propose, en respectant la dotation primitive, de prendre les rentes rachetées.

Nous protesterons contre cette manière de représen-

ler les faits, et de dire que la France s'épuise pour fournir des millions au gouffre de la Bourse.

D'abord personne n'est moins intéressé à l'amortissement que les joueurs de la Bourse. Les joueurs parient
sur le mouvement des fonds. Tout mouvement, quel
qu'il soit, leur profite également, soit en hausse soit en
baisse; car l'un et l'autre donne lieu à des paris. Il faut
même faire une observation importante. Il y a beaucoup
plus d'agitation et de mouvement quand les fonds sont
bas que lorsqu'ils sont élevés. La Bourse attire bien plus
de monde, devient un théâtre de catastrophes bien plus
affligeant pendant les temps de détresse que pendant les
temps de prospérité. Dès que les fonds sont élevés, les
prix se raffermissent, ils tendent à la stagnation, et la
stagnation est la mort du jeu.

On ne travaille donc pas pour cette coupable passion,
qui entraîne malheureusement tant d'hommes au gouffre
de la Bourse, en travaillant à consolider le prix des fonds.
Au contraire, tout ce qui ébranle le crédit donne au jeu le
plus actif de ses alimens.

Ces capitaux, que la France envoie tous les jours à la
Bourse, ne vont pas dans les mains des joueurs. Loin de
là : ils vont dans les mains de celui qui se retire, c'est-à-
dire du rentier qui abandonne la rente, et qui, après avoir
confié sa fortune à l'Etat, la lui redemande. C'est sur la
rente flottante, déclassée, gisant à la Bourse, que s'exerce
le jeu. L'amortissement absorbe, diminue tous les
jours cette masse de rentes. Il diminue la masse livrée au
jeu.

L'Etat n'est pas plus dispensé de payer ses dettes que
les particuliers. Parce qu'il est plus puissant, ce n'est pas

une raison d'être moins probe; c'en est une, au contraire, de l'être davantage. Quand on a emprunté, il faut payer. Oui, dira-t-on; mais l'acquittement des dettes publiques est une chimère, on ne doit que l'intérêt.

Il est vrai que l'acquittement des dettes publiques a été une chimère jusqu'ici; mais sait-on pourquoi? Parce qu'on a raisonné comme on le fait aujourd'hui; parce qu'on a dit qu'il suffisait de payer l'intérêt, parce qu'on a dit qu'il ne fallait pas écraser le présent; et, ainsi raisonnant, le présent a rejeté toutes les charges sur l'avenir. Les pères ont dévoré l'avenir des enfans.

Or, nous disons qu'un Etat qui a déja le quart de son revenu absorbé par le service de sa dette fondée, a suffisamment de dettes et doit songer à l'avenir.

Le service de notre dette fondée, sans compter les cautionnemens, qui sont une dette puisque le montant en est absorbé, sans compter la dette flottante, sans compter la dette viagère, est de 258 millions. Si l'on ajoute les 9 millions de cautionnement, les 15 millions de dette flottante, les 6 millions de la dette viagère, on a la somme de 288 millions, qui fait le tiers de notre revenu. Si nous osions, Messieurs, nous dirions que c'est trop. Les exemples de l'histoire le prouvent : une nation n'a jamais atteint sans catastrophe ou sans d'horribles embarras le terme où la moitié de son revenu est absorbée pour le service de sa dette. On ne peut pas marcher quand on n'a de libre que la moitié de ses moyens.

On ne niera pas sans doute qu'un prélèvement fait sur l'amortissement ne doive produire aujourd'hui même un effet profond, ne doive amener une baisse considérable dans les cours.

Or, nous vous le demandons, est-ce bien le moment ; lorsque vous avez à user de votre crédit, de l'ébranler vous-mêmes? Il faut vous adresser cette année même à l'emprunt pour lui demander des sommes considérables, et vous iriez toucher à l'amortissement, c'est-à-dire décider vous-mêmes que vous traiterez à 7, 8, 10 pour cent plus bas que vous n'auriez traité avec le secours de l'amortissement; c'est-à-dire encore sacrifier vous-mêmes 15 ou 20 millions, et perdre beaucoup plus que vous n'auriez économisé à force de soins et de réductions.

On parle, Messieurs, d'économies! Oh ! sans doute nous devons au pays d'en faire, et d'en faire d'aussi considérables que possible. Mais il y en a, il y en a de certaines, et de bien plus puissantes que celles que nous pouvons opérer. C'est dans une habile et ferme administration que nous les trouverons. Or, c'est un acte d'habile et ferme administration que celui de maintenir aujourd'hui notre amortissement, dans les circonstances où nous nous trouvons, au milieu des difficultés qui nous environnent. C'est faire pour notre crédit un acte immense dont nous recueillerons le prix prochain presque immédiatement, et que nous recueillerons en millions le jour où nous négocierons un emprunt.

Nous avons parlé tout à l'heure d'une économie certaine de quelques millions qui proviendraient d'une négociation d'emprunt à des prix plus avantageux ; mais il y en a une autre bien plus considérable que celle qui naîtrait d'un prélèvement fait actuellement sur l'amortissement. Permettez-nous de nous expliquer.

Si nous avions la guerre, nous éprouverions un grand regret d'avoir nous-mêmes ébranlé notre crédit. Mais si nous avons la paix, ce qui est le plus probable, qui doute qu'avec la paix, poussés par 84 millions d'amortissement, nos cinq pour cent ne parviennent à dépasser le pair.

C'est alors, Messieurs, que la plus réelle des économies se présenterait, elle serait aussi considérable que celle que nous pouvons faire sur l'amortissement ; au lieu de porter sur le capital, elle porterait sur l'intérêt.

Sans doute, il faudrait ne la tenter qu'avec une situation certaine, mais cette certitude de situation est un tel besoin pour tout le monde, que tout le monde ne peut manquer de s'unir bientôt pour l'obtenir.

Ainsi, il y a l'une ou l'autre économie à faire : l'une sur l'amortissement, l'autre sur l'intérêt. L'une n'est pas, à vrai dire, une économie, car il faut payer plus tard ce qu'on ne paie pas plus tôt, c'est un simple atermoiement.

L'autre est une économie véritable, car la somme réduite sur l'intérêt, l'État ne la doit plus, plus à personne. C'est un profit net et incontestable. Mais l'une peut se faire tout de suite, l'autre exige encore un peu de temps, encore un peu de patience, encore quelques efforts. Jugez s'il vaut mieux attendre, patienter, persister dans son effort, ou cueillir tout de suite un fruit, faux, trompeur, et qui, peut-être, nous causerait sur-le-champ un mal véritable et profond.

DE L'IMPRIMERIE D'A. PIHAN DE LA FOREST,
Rue des Noyers, n° 37.

9 782329 487311